고독은 숲이다

홍수연 시집

제3의 문학

| 序文 |

어느 꽃의 시간에 대하여

이슥한 밤, 후드득 귀를 여는 소리 창을 넘는다.

먼지로 뒤덮인 거리에 비는 내리고 적막은 몸살처럼 씻겨갈 것이다.

빗소리를 흡인해 가며 아무리 머리를 흔들어도 나는 자꾸만 빗길을 서성인다.

발길에 희미한 기억으로 재촉하던 소녀 때의 꿈은 문학을 막연히 동경한 것이 아니었을까. 이러한 연유 때문에 삶이 힘들고 괴로울 때 마음에서 넘어졌다 일어난 말들이 창문을 열었다. 그리고 더듬더듬 쓰기 시작했다. 늦깎이지만 그 꿈을 펼치기 위해 시간의 장난감을 분해하고 다시 조립하여 시 짓는 연습이 더러는 일상이 되었다.

한 편 한 편 꾸러미에 엮어 갈수록 그 과정이 삶이며 시의 세계는 나를 지탱해 주는 힘이 되었다.

아직 영글지 않은 내면의 영혼, 부족한 성품을 돌아보게 하시는 보살핌으로 오늘에 서기까지 지켜주신 하느님께 먼저 감사를 드린다.

많은 우여곡절을 겪으면서도 버팀목처럼 든든하게 지켜준 남편(박경노)에게 우선 고맙다.

그리고 지금 미국에서 열심히 공부하고 있는 사랑하는 나의 아들(박태호)아, 부족한 엄마에게 힘을 실어줘서 참으로 고맙다.

더구나 가장 어렵고 힘든 나날에 큰 도움을 준 언니(홍정랑), 남동생(홍인기), 그 따뜻한 마음을 가슴속 깊이 먼저 새긴다.

사랑하는 형부(구본성) , 올케(허민식) 창모, 정모, 석현이, 석환이 조카들, 모두에게 마음으로 감사한 편지를 쓴다.

아직 덜 익은 말들로 글 짓는 산고를 일러주며 큰 배움을 깨우쳐 주신 김송배 선생님께 머리 숙여 옷깃을 여민다.

또한 시집을 기꺼이 펴내 주신 『제3의문학』 안익수 주간님의 감사한 마음을 기억으로 접는다.

시집을 내기까지 격려와 박수를 아끼지 않았던 선배님과 문우의 마음도 차곡차곡 가슴에 담아둘 것이다.

봄이 오는 길목에서

홍 수 연

심상心想과 그 사색思索의 칸타타Cantata

안 익 수 (시인)

내게 걸려온 시의 전화는 간결하며 여운이 있었다. 홍수연 시인이 차린 시의 밥상은 은근하고 맵다. 그의 시는 수사(修辭)를 절제하며 언어가 우산을 받지 않는다. 시적 언어의 구상은 흠뻑 비를 맞으며 사람 속에 걷는다. 그 젖은 시를 가슴으로 말린다. 그래서 그의 시는 멍든 시간에게 먼저 말을 건다. 아마도 이것이 그의 시적 미학의 아틀란티스(Atlantis)가 아닐까.

홍수연의 시가 그네를 뛰면 바람이 모이고 달빛이 내리면 장미가 핀다. 때로는 시적 관념이 티면 멜로디는 목발을 짚게 된다.

그의 시는 항아리에서 숙성된 간장과도 같다. 뚜껑을 열면 비로소 햇볕과 맛을 나눈다. 마치 삶을 담가 발효시킨 슬픈 맛과 기쁜 맛의 향기가 난다. 숟가락과 젓가락이 서로 하모니를 이루는 밥상의 이야기와 같다. 뜨는 것과 집는 것이 어찌 화음을 이룰까마는 결코 그렇지 않다.

삶의 언어를 잘 익히면 맛이 들고 언어가 가물거나 비가 많으면 씨가 여물지 않는 법이다. 말 한 마디를 잘하면 양지가 되고 말버릇이 모나면 마음에 상처를 내지 않는가. 그의 시적 상상은 결코 세상의 훈수를 따르지 않으나 상황적인 시심이 꼿꼿하다.

세상사 마음을 서로 나눌 때 말은 적을수록 깊고 눈길은 다감할수록 좋으며 미소는 감미로워야 살 냄새가 난다. 시가 내딛는 발걸음도 이와 비슷하지 않을까.

화려한 말 대신에 소박하고 진솔한 언어가 다리를 놓을 때 마음의 문이 활짝 열리게 마련이다.

홍수연의 시는 살가운 언어가 꾸밈없이 다가서기에 정감이 있다. 진실이 없는 말은 껍질에 불과하거나 솜사탕일 뿐이다. 애정의 입은 끈끈하고 감미로우며 땅에 닿은 무릎은 아픔을 삭힌다. 말이 너무 앞질러 익어 버리면 결국은 그림자가 밟힌다. 그의 시는 동산에 무지개와 같다. 시상을 안으로 간파하여 부화시킨 언어는 시간과 언약을 한다.

언어를 너무 달구거나 비틀면 알맹이가 부서지며 말에 물감을 짙게 들이면 독이 생긴다. 홍수연의 시는 씀바귀를 씹는 쓴맛이 있으나 그 언어는 질기어 깨물수록 단맛이 난다.

시인은 세상의 말을 가꿀 줄 알아야 좋은 거다. 한 번 뱉은 말은 리모델링이 안 된다. 언어는 곧 시의 집이며 시인의 텃밭이다. 시는 돌 틈에서도 바람을 품는다. 시작(詩作)이 언어의 예술이기에 그렇다.

인간을 포장하는 유일한 것이 있다면 그것은 곧 말이다. 세상사 포장이 그럴싸한 언어는 실속은 별로다. 시의 됨됨이도 이와 닮는다.

홍수연 시인의 순전한 언어의 꽃은 살결을 밝게 하고 방안이 따뜻하다. 그는 하늘과 사람과 자연을 왕래하며 창가를 부른다. 인간의 불온한 삶에 언어의 날을 세우지 않는다. 시에 유행의 옷을 입히기 이전에 새로운 메시지

(message)를 선물한다. 그의 심상은 엎질러진 상실의 물감을 생명의 벽화로 그려내고 있다.

그러기에 그의 작품은 대체로 삶의 갈등과 욕망이 진솔한 마음의 언어로 시화(詩花)된다.

상황의 현상을 언어로 심화시켜 마음 밭을 일구며 살에 박힌 아픈 가시를 빼내고 있다.

그의 시상의 발원은 삶의 근원에서 기인한다. 시심은 시의 음반이 되어 인간의 거리에 수레를 민다. 그는 시를 가지고 흥정하거나 말품을 팔지 않는다. 다만 사람의 품안에서 아름다운 몸살을 한다. 그러기에 그의 시적 표정은 더러 아픈 미소가 예쁘다. 그것이 시의 향기이자 미학이 된다.

홍수연 시인의 시집 『고독은 숲이다』에서 피운 언어의 촛불이 방 안에 환하다.

차 례

차 례

제2부_ 푸른 강물에게

차 례

차 례

1부

영혼을 다독이는 숲

낮달

슬며시 내민
살빛 얼굴
길을 잃었는가
홀로 떠서
간밤에 뿌려 놓았던
은빛 노래
찾는가 보다.

눈물

바위 살 깎으며
바다로 향했을 욕망이여
심장 울궈낸
빈말 하나에도 아득했듯이
슬픔 새겨진
작은 돌 하나
가슴 깊은 곳으로 부터
멍으로 구른다.

내 탓 아닌 것이 없다

아무 말도 하지 않았다면
하지 않은 말 떠돌지 않는 것
옷깃조차 흔들리지 않았다면
입 건너는 일은 없었을 것이다
바람에 옷깃이 날리는 것도
바람 이는 쪽에 있었기 때문
흠결 탓하기 전에 옷깃 여며야 하느니
바람 탓이 아니라 내 탓인고로
나를 내세우지 말자

세한도歲寒圖

빛바랜
하늘과 땅 사이로
가끔은 흘러들어 갔을
쓸쓸해진 바람 소리만
시름조차 아득한
저 풍경에서
권세도 명예도 한낱 뜬세상이었을
싸늘하게 식은 긴 밤
찬 서리 내려도
고운 뜻에 순응하는 푸름
한결같은 곧음으로
서릿발도 두렵지 않았으리니.

해탈

욕망은
한 치 앞도 못 보는
어리석음

가진 것은 순간일 뿐

영원하지 않으니
모든 것은
깨달음의 뿌리.

독백

태풍의 눈 가운데 있었던 사람
모든 것을 쓸어버리고 빨아들이는
그대로는 죽을 운명일 뿐
빠져나오기가 싶지 않다
위태로운 목숨
울부짖기보다는 위기로부터
운명을 개척하는 스피노자가 되어
하늘의 뜻에 순응한다
그리하여 절망을 이겨내고
찬란한 태양을 맞이 한다
세상은 엉겨 있는 거미줄
헤픈 인연 믿을 것 없어
물에 빠지면 지푸라기조차 붙잡을 수 없다는 것을
경험을 통해서 깨닫고
겪지 않았다고 생각의 밑바닥에 밀어 넣지 않는다
거친 파도를 넘는 것은 억센 지혜
믿음의 배로 풍랑을 이겨낸다.

예행연습

날마다 허물을 벗는다
시작과 그 끝
여명이 열리는 그 틈
잠에서 깨어난 게으름을 밀어 넣는다

하루가 부풀어 오르는 동안
스멀거리는 욕망
길게 혀를 뺀 불나비의 촉수로
몇 번이고 손 내밀었던 저 불빛

오늘 벗어버린 저 허물만큼
고요의 시간 속으로
빠져드는 순간
영혼의 안식한다.

자아 발견

세상은 혼돈의 정립
그 세속(世俗)에

얽매임 없이
사슬을 끊고

머물지 않는 영혼의 자유를
노래하고 싶다

누구도 닮을 수 없는

나를 드러내는
우물고누
첫 수.

낯선 숲으로

하늘을 가득 채운 먹구름
찾아간 낯선 숲으로
쏟아지는 장맛비

장승처럼 우뚝 선 채
그 비를 다 맞는
백의(白衣)에 전설을 담은 넋,

비 그치면
파랗게 물오른 몸짓
부드러운 햇살 손잡고

그런 사람이 좋다

어디서나 자신 있는 사람
정의 앞에 비굴하지 않고
당당하게 말하는 사람
불의를 보고 뒤로 물러나지 않으며
좋고 싫음이 분명하고
마음을 솔직하게 드러내며
노여움도 거르지 않는 사람
눈물 흘릴 때
함께 아파하는 사람
보고 느낀 그대로
표현하고 말하는
그런 사람이 좋다

남기고 싶은 거다

피고 지고 가꾸는 것
나는 나무

꽃
바람
바다
그래서 존귀하다
오직 단 하나밖에 없으므로

닮지 않은
모습 그대로
남기고 싶은 거다

나만의 향과
씨앗 한 톨을 남기고
흙으로 돌아가고 싶다

무엇으로 살까

갓 핀 꽃으로
떨리지 않는
향기이고 싶네

허공에 머물지 않고
흐르는 대로 가는
바람이면 어떨까

부딪히며 흩어져도
다시 만나 흐르는
강물도 좋고

거슬림 없이 그려진
그림 속 풍경처럼
비단 꿈을 꾸고 싶어

묵은지

글 짓는 일이 어디 쉬운 일이랴
뜬 잎 하나 버리지 않은
한 포기 배추가
해와 달 품에 들인 지성이라는 것을
알뜰한 손길에 몸을 죽이고
정갈하게 곰삭은
내 안의 언어

아삭하게 씹혀지는 그 맛
혀끝에 감도는 그 느낌조차
글 무리로 세상에 나오면
눈길 휘어잡는
감성 깊은 언어의 연금술사.

흘러간다

구름다리 걷는다
품은 뜻
이루지 못한 물결로
흘러 흘러간다
눈 감아도
그 속에서
잡힐 듯 현현하는
예지의 바다
눈 뜨면
어설픈 몸짓으로 흔들리는
그 곳을 향하여
바람처럼 달려간다.

고목孤木

새파랗게 물오른 싱그러움
젊음이 날개 다는 모습이다
꺼덕꺼덕 흘러 온 생,
고개를 들면 쓸쓸하게
홀로 선 고목은
늙음에 붉게 물든 들녘을 보게 된다
때가 되면 우수수 떨어지는 잎새를 감추고
씽씽 부는 바람결에 맞서
숭숭 뚫린 구멍을 막고 선 나는 외로움 달래는
고독한 나무

살풀이다

뿌리째 흔드는
지친 무덤의 빛으로 나무는
가슴을 쓸어내린다
풍성했던 시간 거둔 채
떨어져 간 살붙이들 다시 부르며
봄이 오는 길목
뿌리에서 너를 기다릴게
무성했던 그 잎맥에 전한다

그냥 피우는 꽃이 어디 있으랴
까닭 없이 맺는 열매로
커가는 나무가 어디 있으랴
뼛속 깊이 파고드는
아름다운 서정의 찰나마저
욕망을 비우는 의식
저 깊은 곳에서 들리는 움트는 소리
윙윙 봄바람의 살풀이다.

그 여운 길다

창 너머로

스치는
수채화 한 폭
어디선가 본 듯한
그리운

얼굴의 여울목,
마음 한 권 펼쳐보며
그렁그렁

눈물 고이는 향수
멈추고 싶은 그 여운 길다

사색, 그 바다에는

홀로 버려진 낙엽으로
구르다가 스러져가야 할
처음은 무엇이었을까

깊게 팬 뇌수의 골짜기
그곳은 두려움에 떨던
고해(苦海)의 바다였을까

바다 심연으로
날렵한 물고기 한 마리
미로를 헤맨다

서투른 마음 굽히고
숨겨진 씨앗을 줍는다
영롱한 진주 빛 사색을.

고수레

좋은 나무 한 그루
가슴에 품는 것은
가꾸고
키우는 일로
정성이 하늘에 닿아야 한다

미움의 뿌리는
흩날리며 번지는 풀씨
언필칭 묵밭을 갈고
걷어내야 할 필연.

집착

탐욕을 누른 채
이슬 고인 눈으로
바라봅니다

잡으려면
연기의 속성으로 흩어지는
무늬

잡을 수 없는
그 틈에
매달리지 않으리니

다시 쫓는 어리석음
범치 않으렵니다

고독은 숲이다

바람은
산속에도 산다
길은 구름을 데리고
여장을 푸는데
아직 창문 하나가 열리지 않는다

노을의 잔에 옷을 벗고
바람과 숲이
산길을 열면
그 속에는
바람의 씨앗이 아프다

항해

파도가 크면
생生은 멀미로 눕고
아직 갈 길 멀어
풍랑을 염려하는 것은 아니지만

한 고비 물결치고 나면
순풍에 돛을 달고
노 젓는 하늘은
금빛 물결로 출렁인다.

난청難聽

높이 나는 새는 소리를 접는다
깊이 흐르는 물도
바닥으로 소리를 묻고
얇게 펴진 세상의 벽에는
이명 같은 소리로 귀를 닦달한다
개울물 졸졸거리는
자연 속에 귀를 들이고
메마른 바람만 쓸어내는 창을 연다
달팽이관에 매달린 저 득음들
머리에는 직접 말하지 않아도
가슴에는 소리를 흘러내린다
아득한 그 몸짓으로

山 저 강은

숲을 이룬 저 山
억겁을 높고 낮은 어깨를 걸치며
어우러지고
낮은 곳으로 흘러도
말 없는 저 푸른 강물

백 년도 못사는 생(生)은
작은 일에도
흩어지고
낮아지는 이 없어
저마다 우뚝 솟으려
별이길 바라네
달이길 바라네.

거기에 산다

이슬도 잠을 덜 깬
여명의 바다

생명이 움트고
한겨울 땅 밑 줄기에도
봄을 기다리며 목을 늘이던
눈시울 붉히는 설렘

이른 날
몸살 앓던 난초
수줍은 듯 살며시 꽃잎 열어
싱그러운 향기 날린다

돌 밑을 들춰도
제 영역 갈피마다 일궈 논 성
벌레들 목숨이 거기에 산다

자연의 섭리대로
살아가는 우리, 그 곳은
삶이 넘친다.

당신은

비 뿌리는 날
처마 밑으로 날아든 너
오돌 오돌 떨고 있구나

열린 창 앞에 앉아
네 모습 애처로움에
눈치만 살피는데

나와 다른 두려움으로
열린 창 닫고
네 눈은 이미 고도로 가고

눈빛 건네는 길목마다
안타까움 그치지 않아
떠나지 못하는 백구야.

숫눈길

겨울 길목에서
허허로운 빈 들녘
뿌리의 줄기마다 가락을 싣고

하얗게 뿌려진
백옥의 숨결
자국 남기는 대로
생生의 밑그림을 그린다.

2부

푸른 강물에게

화몽花夢

흔들림 없이
두터운 땅 더미 뚫고 나올 힘
어디로부터 솟았을까

씨앗 깬 흔적 남기며
세상 밖으로 나온 여린 잎
거친 바람에
뿌리는 깊어 진다

산고 없이
어여쁜 얼굴 세상에 내밀 수 있으리
열매 맺지 못할 푸른 잎만 무성하고
다만, 바람만 다녀갈 뿐이다

갇힌 나를 조탁하고 꽃으로 피어나는
인고를 겪어야
마음 꽃 그저 한 송이 피우는 것을.

아픔을

물에 젖은 솜처럼
가라앉은 하늘
천둥 번개는 거기에서 몸부림쳤다

울고 싶어도
가슴 막혀서 그랬고
도려내고 싶을 때도 그랬다

말할 수 없는 아픔을
쏟아내면 가벼울 텐데
아직 다 모이지 않은 탓일까

모두 모여
홍건하게 쏟아내면
새털로 가볍게
훨훨 날 수 있을 테지

이승의 것을

처음부터 빈 손
잃은 것이 무엇인가
가지고도 못 갈
이승의 것을
욕심 버리지 못하면
탐욕의 씨는 악으로 필 수 밖에,
선행善行으로 덕德을 쌓으면
하늘은
후세를 굽어 살필까

잔재로

꿈과 소망을 기다리던
젊은 날
목젖을 타고 내려가는
뜨거운 열기는
삼켜서 안 될 역심 덩어리

꿈틀거리는 욕망은
생生의 부딪침으로
부서져 내리고
못다 이룬 꿈
응어리로 남아
연민의 눈물 발걸음 적신다.

삶이 어디 그렇던가

울퉁불퉁 시골길보다
매끄럽게 달릴 수 있는
포장도로 좋다

눈물 콧물 찍어내며
아궁이 불 지펴야 하는
부엌 보다는
살뜰한 주방이 좋다

달콤함만 추구하는 삶
구겨진 현실 바라보기 싫어
덧씌워진 삶의 굴레
거품 속에 허우적댄다

덧나는 것이 두려워
가려운 곳만 긁는 삶
깊은 무덤에서 곪는
나를 거울에 담는다

무한대

눈빛만으로도
마음을 껴안는
따뜻한 사람이 좋다

잘못을 말하기보다는
격려를 아끼지 않고
슬플 때 큰소리로 웃게 해 주는 사람

값비싼 선물은 아니어도
마음 나누며 함께 기뻐하고
희망을 담아주는 사람

슬픔을 말하지 않아도
아픔을 말하지 않아도
사랑을 말하지 않아도

삶이 모두 그런 것이지
격려하며 손길 내미는
그런 사람이 오아시스.

추수의 계절

온 땅 더미 녹일 듯
뜨거웠던 계절도 물러나고
거리에 네온은
내 눈을 밝힙니다.

빛의 고마움을
잊고 사는 어리석은 인간에게
베풀며 살라며
온 누리 골고루 살피는
깊은 은혜여
자연을 일깨우는 절대자

곡식이 익어 갈 동안도
햇살과 구름과 그리고
바람과 더불어 결실을 여미는
저 은총으로 하여금
모두가 손 모아 간절하기를.

살다 보면

들에 한가로이 풀 뜯는 소도 보고
개울에 풍덩 빠져 허우적거리며
건너야 하는 일도
햇살 밝은 따뜻한 봄날
모진 겨울의 허기라는 것을 안다

가는 길은 제각각이지만
어찌 좋은 일만 있을까
허리띠 한 줌 풀어
추스를 틈도 없이
어느새 백발이 되는구나

갈 길 바쁘고 할 일은 많은데
욕심 비우지 못한
한숨이 밤을 보태니
영혼의 안식은 저 먼 곳뿐인가.

질투

무서운 화신
스스로 파멸의 심지를 돋운
죄악의 단말마
죽음도
거기에 머물렀으니

질투는
심장을 갉아먹고
뇌수를 곪게 하는
무서운 독
아, 죄인이여

빛의 이유

사랑을 안다면
나는 부서지고

그대 안에
들어가 멈추리

사랑을 안다면 나는
그대 앞에

빛으로 머무르리

이상한 경계

마음의 부자는 사랑이 많습니다
언제나 밝은 표정 웃음이 가득합니다
자신을 즐길 줄 압니다
배려와 이해심이 많습니다
사소한 것에 매달리지 않습니다
상대의 잘못된 점보다는
자신을 먼저 돌아보고 내 탓으로 돌립니다
자신을 사랑할 줄 아는 사람은
여유롭고 조급하지 않습니다
희망을 담고 긍정적입니다
손해 보듯이 살아갑니다
과거에 연연하지 않고 앞으로 달려 나갈 수 있는 사람
선행을 일삼으며 자신을 낮출 줄 아는 사람
희생과 사랑 할 줄 아는 사람입니다

마음이 가난한 사람은
내 이익을 위해서 남을 밟고 일어섭니다
사람을 이용가치로만 따지려 듭니다
자신을 돌아볼 줄 모르는 사람
부정적인 언행 일삼습니다
칭찬에 인색합니다
아량이 좁아 사소한 것에 목숨 겁니다
옳고 그릇된 판단이 무디어

내 탓은 없고 남의 탓 때문에 원망으로 가득합니다
시기 질투 교만 위선 욕심으로 가득합니다
흉을 일삼으며
남의 아픔을 즐기는 사람입니다.

사는 게 그런거야

1)
고고한 학처럼
때론 입을 꼭 닫고 싶다
흘린 말에는 나 아닌 내가 있기에
주워 담고 싶다
감정이 섞이고
마음과 다른 소리 낼 수도 있다

2)
살면서 힘들지 않은 삶이 어디 있으랴
곡예사가 아슬아슬한 줄을 타야 하는
무대가 그렇듯이
아프고 슬펐던 기억도
생生의 끝자락에서
큰 획 하나 긋는
점에 불과하기 때문이다.

묵언

깊은 침묵의 언어
어디 있으랴

내가 한 말로
족쇄 채우면

말로 옭아맨 노비로부터
벗어나지 못 하네

이 굴레를 벗는 길
자신을 깨우는 죽비.

3막쯤에서

주룩주룩 내리는 비
마음이 질퍽거린다
눈물이 핑 도는 까닭에
무대를 열고 연극을 한다

남이 대신할 수 없는 넋두리에
인생을
사랑을
욕망을
세탁한다

맑게 헹구어
무대 전면에 널어 두고
박수소리 들리는 3막쯤
머물렀던
배우를 행간에 놓는다.

친구

삶 징검다리 되는
따뜻한 말 한마디
깃털보다 더 가볍더라
꿀물 바르듯 멋진 허울
혀끝은 욕망을 찾는다
진실에 눈을 떠야 보이는
벗들이여, 귀한 이름이여.

물 닮은

네 품은 산이 내려와 깃들고
들이 뛰어와 안기는 하해 같은 자비
그래서 밑으로만 낮아지는 너

걸림이 있어도 비켜가고
험난한 절벽 만나도
흔들림 없는 믿음으로
두려움 모르고 떨어지는 낙화

모나고 낮은 곳을
채우고도 같은 너의 높이로 넉넉해지는
네 발길 닿는 곳마다 넘치는 웃음

도도한 흐름에서
스스로 정화하는 속 깊은 뜻
한없이 낮은 겸손.

촛불

심지가
타들어 갈 때
애끓는 눈물 한 방울
네 몸 녹아
어둠 사르나니
녹아내린 밤이
거룩하다.

달관

악惡이여
마음 열고 들어와
짓밟고 가라
마음 내어주리니

욕망으로 가득한
거친 호수의 바람을 걷어내고
미소 머금은 자비慈悲
은총을 입히려므나.

땅의 향기

머지않은 날
아지랑이 노래하는
봄이 오면
엄동설한 이겨낸 대지
촉촉이 봄비 머금고
생명의 기지개 켠다
여린 새싹은 수줍은 듯 고개 내민 채
꿈과 희망 가득 싣고
세파에 부딪히며 사계절을 이길
용맹을 뽐내겠지.

들꽃

들에 핀
이름 없는 꽃으로 살다 지고 싶어

눈길 주는 이 없는
너도 바람꽃 한 송이
짙은 향기 머금은 채
홀로 피었다 지는
청초한 꽃이여
은은한 향기 언제 보아도
웃음기 가시지 않는
순수한 꽃이여
황량한 들녘
쓸쓸함도 잊은 채
지나는 길손 눈 맞춤에
짧은 허리 시리도록 휘어서
이름 없는 들꽃으로
피었다 시리.

나무는

세찬 바람
불어오면
쌓였던
잔재 털어내고
가지마다 흔들며
온몸으로 운다

호사好事

눈앞에
보이는 것만 山인가
내 딛는 것 또한 山이려니
스치는 것마다
첩첩 山,
한 고개 넘을 때마다
허물하나 벗어 던지고
홀로 움트는 홀씨로 날자
하늘 닿을 때까지.

하늘 그리고

고난은 축복
고난은 고마움의 푯대
고난은 승리를 위한 주춧돌

아픔을 통해서
깨달음을
실수를 통해서
배움을

고난의 시간은
널리 돌아보라는
하늘이 주신 은총

하늘은 귀
하늘은 눈
하늘은 영광

공명

보이는 대로
맑은 가슴에 담기면
마음은 숲

나무가
꽃이
물이

티끌 없는 소리
허물 벗는 소리
아, 자연의 탄성

꽃밭에는

누군가 사랑해야 한다면
막혔던 가슴 뚫고 만물이 다시 소생하듯
차디찬 가슴 데우는 용광로 불길,

타오르는 가슴 안에
불덩이 같은 순수純粹의 꽃 피우리다
닫혀 있던 물길이 트여
생기 오르는 나무로
허물조차 가벼이 버리지 않는
그런 사랑을

멍울이다

싱그러운
분홍빛 사랑도
여름날 뜨겁게 달구던
소나기 사랑도
사계절을 견뎌야 하는
아픔이 기다린다
들추면 피맺힌 울음이
도란거리며
아물기를 기다리는 멍울이다
어느 계절이든
사랑이 깃들지 않은 표피가 없듯이
계절은 다시 돌아와
초연히
꽃 한 송이 피어낸다

동백꽃

하얀 눈 소복이 안은 채
새빨간 꽃잎 여는 동백꽃

세찬 칼바람
살을 파고 들 때도

절정의 순간
자신 놓지 않는 그 순결

계절 여미는 눈길에는
고귀한 꽃이었음을 알았네

3부

물은 바람과 흐른다

길목에서

나를 위한 사랑은
남을 탓하지 않습니다
무모함에 목숨 걸지 않습니다
내가 원해서 하는 일은 후회가 남지 않습니다

너를 위한 사랑은
베풀고도 후회하고 원망합니다
바라는 마음이 자리하면 미움이 자리 잡습니다
너를 위한다는 것은
진실과 갈등의 소산입니다

사랑할 수 있는 마음에 감사하고
희생과 헌신
대가를 바라지 않는 사랑을 할 때

어느 풍경

쪽빛 하늘 높이
두둥실 떠가는 구름
나도 떠 간다

나뭇가지 앉은
종달새 노랫소리
귓불에 걸어놓고

야트막한 산
노을 앉은 들녘에
난 그림으로 걸리며

송사리 떼 노니는
살 고운 시냇물에
풍경이 실려간다

노숙자

휴지 조각이 어지럽게
원을 그리며 흩어진다

비우고 버릴 것 없는 몸뚱이
풀기 없는 눈망울
눈길 닿는 대로 눕는다

반기는 이 없이
가슴에 꽂히는 시선과
가슴 데우는 한 마디
휴지랑 같이 섞인다

한 평에 누울 육신
종이상자 달랑 한 장 들고
별을 품은 채
한기에 몸을 던진다
꿈꾸는 번방의 바다로.

앙상한 가지에

오색 빛으로 갈아입은 산은
설렘의 절정이다

계절이 바뀔 때마다
기다림에 익숙하지 않은 우리

늘 꽃은 피었다 지고
싱그럽고 푸른 모습 그대로

계절의 거슬림 없이
겨울 오면

산은 삭막한 채 앙상한 가지에
바람 소리만 서럽다.

불꽃놀이

고운 옷
갈아입고
시집가는 각시

맑은 개울에
수줍은 듯 비추어 보고
얼굴을 붉이네

아, 기어이 오고
또 갈 사색

남은 것은
마지막 정열을 태우는
불꽃놀이

그대와

심심산골 오막살이
송송 뚫린 문풍지 사이로
코끝 시리게 찬바람 들어온들
오들거리는 추위 느껴질까

섣달 긴긴 밤
호롱불 밝혀놓고
도란도란 이야기꽃으로
온 밤 지샌들
그 밤 길다 할까

꽁꽁 언 장독대 얼음 깨고
이 시린 물 한 바가지
벌컥 들이키고 주린 배 채운들
배고픔에 허덕일까

사랑 가득한 가슴
부러울 것 없는 포만일러니
이보다 더 배부르랴
따뜻한 말 심중에 있으니.

득도

가지 많은 나무는
실바람에도 파르르 떨듯이

인연 간에 귀하게 여기면서도
챙기지 않으면 바람 잘 날 없다

오는 인연 막지 말고
가는 인연은 때를 다해 가는 것이니

인연은 만들수록 마음에
근심 하나 눌러놓는 것이다.

가로수

우두커니 선 채로
도심 공해
홀로 마시는 노예

날마다 혹사로 팔이 굽고
구멍이 숭숭 뚫린
몸마저 유린한 벌레에게
웃음을 건넨다

뭍사람들에게 꺾이면서도
누렇게 병든 세상을 향해
시름시름 떡잎 떨궈내며
우두커니 선 채
시들듯 중얼거린다

하늘로 올라서리.

별이 그대인 이유

임 눈길 바람을 건너
향기 짙은 사랑으로 느껴올 때
그리움으로 온몸이 젖습니다
가슴 안에 잠겨 있는
메마른 호수 바닥에
쌓인 보고픔 목이 탈 때도
임의 눈물 한 방울이면
사랑으로 찰랑거리는 푸른 물결
내 안에 넘칠 것입니다
온몸 달구는 설렘으로
그리움 실은 물새 한 마리
가슴 안으로 날아오른 후
은빛 물결로 채워진 호수에는
별이 내려와 웃습니다
깊게 드리워진 우수의 그늘 지우고
밤을 이끄는 별 하나에
임의 이름 새겨놓겠습니다
우리의 별은
임이 포옹한 그리움이었다는 것을.

사랑의 자리

새봄을 여는
연둣빛 풋풋함을 보라
비우고 버려야 다음을 기약하는
추스름의 가을을 읽어내듯이
눈꽃 잔치에서도 겨울은
세상을 표백해서
얼룩을 벗겨 내는 것이다

서로가 촉촉한 가슴으로 읽고
사랑이 넘치는 눈길로 바라볼 때
아름다운 만남이었다는 것을

삭막해진 마른 풀 포기에서나
깊은 눈물을 보게 된다 그래서
촉촉한 가슴 가득 담은
사랑이
늘 보고 싶은 거다.

안개

생각할수록
눈시울 붉히는
그리운 이름

아직
잊은 적 없어
가슴 식혀야 했던 얼굴

날이 갈수록
아스라이 침전해 있는
느낌 그대로

산기슭 피어오른
요요寥寥함,
슬며시 그대가 그립다

가시나무새

바람 사는 숲 속 저편으로
귀를 열고
피로 부른 사랑 노래 한 음절

텅 빈 들판에 써 두었던 고백
절절하게 쓸개즙 바른 채
절규의 높은 음 자리로 보냈다네

한 번의 사랑이 가슴에 스며
살아온 생生과 뜨겁게
장엄한 의식이 거기 있는 것

가슴에 꽂힌 빛으로
아름다운 노래 부른다네
그대는 멈출 수 없는 심장이었으니

불멸의 사랑

기나 긴 동행
슬프고 쓸쓸한 그림자까지
같이한 심장의 벽
누가 가를 수 있을까

눈부신 발길 좇아 헤맸던
가슴에 흐르는 강물이
깨달음의 태반이었다는 것을
오래도록 몰랐다 나는
가까이 더욱 가까이 심연에서
심지를 올리고 밝혀 줄
마음의 별이었음을

사랑하는 이여
가슴에 피어나는 불꽃으로
생명 지피는 그 끝에서
임을 향한 노래 부르리

묵상

높이 날아오르려다
그물망에 걸려 바동거리는 새
발버둥 칠수록 몸은 더욱 쪼이고 좁혀만 올 뿐,
벗어날 길 찾지 못하고
죽은 듯 영혼을 꿈꾸며 날개 접는다
사랑은 자유로울 수 없는가
욕망의 사슬에 묶인 채
가슴 찢는 가시밭길 걷는다
날개를 펴 사랑하는 이에게 더욱 가까이 날아가
어느 때나 품으로 드나들고 싶은 사랑
신의 가르침
끊임없이 담금질시키는 사랑의 메시아
오, 닮고 싶은 족적

목화는

달빛 고스란히 송이로 받아
봉곳하게 탱탱해진
꿈결 같은 꽃
아린 가슴 담긴 슬픔은
하늬바람 여미며
하얗게 부풀었던 새악시 볼처럼
여리고 심성 고운 무늬로
홀로 견뎌낸 착한 꽃
때로는 아침 햇살 머금었는가
눈부신 입술조차 고고했던 이름으로
모질게 헤쳐 온 계절 그 뒤란
굳센 마디마다 열린 꽃망울
속 깊은 살결
몽실몽실 채워서
천둥도 이겨낸 무채색 순결이여

사족蛇足

말은 불덩이,
쏟고 나면 텅 빈 공허
잡설을 토한 후
인간은 무게 없는 깃털일 뿐,
쏟은 것들은 허공에서도 밟히고
알곡 빠진 채
삭정이 같은 혼까지 쓸려 보낸다
뱉어낸 소소리바람 같은 언어들이
여기저기 핥기는 가시로 남아
깊어진 상처에 덧을 낸다
누군들 따뜻한 가슴 없으랴
두 눈 지그시 감고
닫은 입술 그 안에
뱀이 산다
저절로 사그라지는
불꽃이 산다
말초의 감흥이 널려가도
신은 말하지 않는다
영혼의 화폐를 지불한 후
깨달음만 주실 뿐,
대가 없이 거저 얻어지는 지혜 없듯이.

해바라기

해만 바라보다가
눈조차 까맣게 타버린 연모

땅 밑으로 꺼질 듯
고개 떨군 채
밀려오는 어둠에 홀로
버텨내야 할 몫

아득했던 별들의 속삭임 들으며
무섭고 긴 기다림 잎새에 새겨간다

찬란한 빛 한 모금 머금고
화사하게 피어난 얼굴
그리움만 알알이 익어 간다

사랑한다는 것은

잡초가 무성한 들이나
어둡고 습한 늪은
생명이 깃들기엔 더없이 좋습니다
강아지풀이 씨앗을 맺은 것도
사랑의 결실이요
무당벌레가 살아가는 세상도
사랑의 소산이었습니다
자연은 생명을 잉태하는 요람
사랑이 깃드는 가슴이야
어찌 무엇인들 담아내지 못 하리
아픔을 머금은 사랑일지라도
따뜻한 말 한마디
훈훈한 눈빛 한 줌으로도
찬란한 빛이 은혜롭듯이
마음을 추스르는
순수純粹의 꽃이
얼마나 아름다운가

고뇌

겪어보지 않았던 일에
쏟아 낸 허름한 말들,
즐거움에 들떠
안다는 것이 껍질 같은 것
관념에 지나지 않은 색명이다
한 번 폈다 지는 삶
경륜 쌓는 일도 덕이 되고
값진 혼이 담긴 계절 피워내
반듯하게 하늘로 날고 싶다.

낙화

한 때는 눈길 끄는 미소였다가
눈물도 꽃송이에 묻혀 사위어 갈 즈음
붙여 두었던 제 몫이 떨어지고 나면
산다는 게 다
바람처럼 날아가고 말지

한 때는 화사하게 핀 송이였다가
때가 되어
한 잎 두 잎 시름 없은 꽃잎은 지고 말아
흐르는 구름 속에서나
아무도 돌아보는 이 없는가

유전流纏

만져지고
눈에 보이는 것이라면
아마 셀 수 없어
남아있지 않았을 사랑
소유할 수 없기에
인류가 다하는 그날까지
마르지 않을 것이다

이후에도
또, 그 이후에도

(流) 흐를 유
(纏) 얽힐 전

열정

사랑은
정열을 뿜어내는
분화구

사랑이
지나간 자리엔
용암이 흐른다

바람결에서

우연히 스친 바람결에서
끌려가는 빛줄기
그 촉수로 빈 가슴 열려간다

간밤 눈에 밟히던
그 모습 그리워서
황새목으로 지샌 밤의 여운,

심장 소리 울리고
호흡은 거칠어지는데
아, 느낌조차 녹아드는 그리움.

연모

휘영청 달 속에 뜬 얼굴
꿈일까
달빛만 밟아보네

흘린 눈물만큼 돋아난
영롱한 별빛도 곱게
밤을 채우는데

눈 감으니
어디 숨은들
그대 눈길
가릴 수 있으랴

어느 해후

바라보는 것만으로도
그대로 인해
미소 지을 수 있어 행복합니다

슬플 때면 불현듯 다가와
웃음꽃 한 아름 안겨주던 그대
꿈같은 행복이었습니다

촉촉이 잠기는 베품
그 넓은 바다
신神은 그대를 보냈나 봅니다

구도

사랑한다는 것은
영혼을 집중하는 것

믿음의
파종으로부터 아픔을
삭여내는 것

사랑한다는 것은 너를
내 안에 받아들이는 것

내 살을 깎아
나를 비우는 기도

4부

눈물에도 색깔이 있다

꽃의 미소

사랑은
아쉬움만 남는 것

그리움 가슴에 스며들어
뜨겁게 눈시울 붉히는 비수

사랑은 찬연하게 꽃필
기다림의 무게

그 마디로
시나브로 연두빛으로
마음의 꽃 피우리

바람에서

바람에서
꽃은 피었다 진다

우리도 오늘, 바람에서
기쁨과 슬픔으로 만났다가 헤어진다

불지 않은 바람 없이
꽃향기 어찌 전하리오마는

무동無動의 꽃잎
눈부신 발아發芽 없어도
흔들리는 것
살아있는 나였다

무동無動 흐트러짐이 없음
발아發芽 초목의 눈이 틈

푸른 숨소리

시린 나뭇가지에 매달려
다른 잎들 질 때 떠나지 못한 채
차가운 바람 맞으며 시퍼렇게 떨고 있다

채우지 못한 욕망
비워내지 못한 가슴 움켜쥐고
앙상한 몸골로 버티고 있다

겨울 어귀에서
흙으로 삭혀질 너의 여린 육신
그 절정의 순간,
아쉬움 안고 대롱거린다

봉정암에 오르면

발길이 닿지 않은 땅의 이마
높고 낮은 어깨들이 이어져
오를수록 비우고 버리는 꼭대기
산맥은 운무雲霧를 거느리고
위엄을 갖춘 등뼈다
뾰족하고 날카로운 바위와 가파른 절벽이
걸어온 길만큼 거칠다
바람이 산허리를 껴안고 숲으로 빨려 가면
하늘과 맞닿은 봉우리는
범접할 수 없는 신들의 거처,
그 경이로움으로
한 발 한 발 감격의 깃발을 밟는다
땀을 딛고 올라야 숨결이 보이는 정상
그곳은 결 고운 무늬의 품,
저마다 꿈을 날리는 삶터가
결국 우리가 뻗어 가는 눈높이

소나무

가지마다 핀 꽃
순수 빛깔로 스며들어
부름켜를 뻗은 끈질긴 뿌리는
힘줄처럼 목숨은 굵어진다

등걸 터지도록 꾸부러져 버틴
거북 등 껍질에 옭아맨 인고를
척박한 땅 어디에도
살아서 숨쉬기 위한 몸부림이었나
곧은결대로 격조가 높다

절개와 의리 상징인 푸름
우직한 바위와 함께 어우러져
수백 년 아름다운 풍경 거기에
청청한 섬으로 서 있다.

말하지 않아도

너와 나는 뚝배기

미사여구 현혹 담고
능변 풀어 맛 들여도
서로 인정하지 않은
황량한 저 언어의 바다
벽은 벽일 뿐,
메아리 넘는 그 심중에
바람은 산을 넘는다
살아가는 게
발버둥으로 벗겨져서
슬픈 발자국만 여기 찍히는데
맑게 깃든 너의 눈만
곰국처럼 뜨겁다

연륜

고목은 눈 감을 수 없었다
내 품에 기어든 생명
거느린 게 많아 눈 감지 못한다
때로는 새들 쉬어가는 쉼터
더러는 온갖 벌레 삶터로 살점 내주는
만물의 보금자리,
터진 살갗 등 휜 나무는
나눠주고픈 부모의 사랑 법
텅 빈 제 속 들여다보면서 아람 큰 나무는
그저 바람에 흔들릴 뿐
말을 감춘 채
흙 움켜쥔 힘줄만 굵어간다

4월에는

터질 꽃망울
봄을 붙들고 놓아 주지 않는
4월 나뭇가지마다
연초록 잎들은 짙어만 가는데
분홍저고리 연두 치마
저리 고운 빛깔 단장한 새색시들
얼굴 붉힌 채 떨어질 윤회 앞에
그리워했던가
잠시 머물고 갈
이 어지러운 세상을

바람의 깊이에서

바람이 불 때마다 흔들리며
너를 잡겠다고 몸부림쳤다

살아가는 동안
머물 것 없는
지나가는 바람일 뿐

손을 빠져나간 흔적만 손금 위에 남아
잠시 주위를 맴돌다가 사라진
잡히지 않을 바람이었다

하루가 지나는 길목에서
다시 네가 다가올 때
손 휘저으며 잡으려 했던 부질없는 욕망

이젠 내가 머물지 않는 바람이 되리라

윤회

하늘아래 새로운 것은 없지만
우린 늘 새롭다

겨울이 아무리 버티어도
봄은 오고 말찌니

신록으로 물든 봄
여름을 기다리고
여름은 만산홍엽 가을 기다리고
가을은 하얗게 질린 눈밭을 기다리는
무능한 미지의 세계
모험을 즐기는 탐험가 되어
마음은 미래를 향하여 달린다

기다림이 넘는 사계에서
살가운 눈빛 보내며
그리워하는 만큼
더욱 깊게

직조織操

마른 땅에 뿌린 씨앗
뿌리를 내릴 수 없듯이
메마른 가슴으로 심는 글
활자로 옮기는 순간 흩어진다

가난하고 헐벗은 영혼
촉촉하게 내리는 한줄기 빗물에
정결하게 씻어
세상을 노래 부를 때
영혼의 날개 높이 날겠지

* 직조 (織操) : 면류관 드릴 옥을 짠다.

이명耳鳴

불혹의 나이 넘고
하늘 뜻 깨닫는 지천명 중턱 오르는
나도 그 나이 들고 보니
그랬다
그때 엄마는 감정 없는 사람인 줄 알았다
여자로서 모든 것이 끝난 줄만 알았다
양지바른 곳에 다소곳이 앉아
마늘 다듬고
늘 집에 계셔야 했던 분,
때가 되면 밥상 차려주는 그런 분으로
내 또래 나이에 여자이고 싶은 분이셨다
고운 옷 차려입고
거울 앞에서 곱게 화장 하고
남편 사랑 듬뿍 받으며 살고 싶으셨다
그 모든 욕망 누른 채
굽이굽이 살아온 생가슴 절절해도
자식 앞에 나약한 모습 보이기 싫어
무너질 수 없었던 당신
가슴으로만 아픔 삭여내셨던 분
그때는 왜 몰랐을까,
같은 여자로 아픔도 헤아려 드리고
다정한 친구 되어 드릴 것을
지금은 저 세상에 계신 분,

철들면 곁에 계시지 않을 것이란 말씀이
슬프게 맴돈다

채굴採窟

구슬 찾아 헤맨다
슬픈 리듬에 맞춰 촉촉한 글을 써야 한다고
숱한 낮과 밤
음독音讀의 표리表裏로 올가미 씌워간다
어둠으로 낚이는 시詩를 읽고
수천 번 써레질로
진흙 속 감춰진 여의주 음파를 찾아
막힌 가슴 열어 간다
기교 부리는 바람이 파장의 깊이 재고
달이 진 백지 위에 뿌려 놓는다
시가 그 평면을 구르면
영롱한 구슬이 줄줄이 꿰어간다
낙서로 가득했던 그믐 같은 가슴
참혹한 배열은 끝났다

과속

아, 그것이 아니었다

제어할 기능 상실한 채
절벽 그 아래로 처박혀
달리던 차바퀴만 웽웽 공허한 허공을 맴돌고 있다

빨간 불이 켜지면
운이 나빴다고만 생각했다

알게 모르게 겪는 작은 일들
위기의 순간
하늘에서
경고를 보내고 있었는데

외도外道

소소리바람 햇살 물고 오는 날
옷깃 여미며 꽃봉오리 부푸는데
격랑 휘몰던 싹쓸바람은
단란함도 쓸어가는 도깨비
그루터기로 남아 있는 기둥뿌리면
피붙이랑 바람 막에 얽히겠는데
뿌리째 뽑히는 사나운 기세로는
뿔뿔이 흩어지는 갈림만 있을 뿐이다

여유

과거를 뚫고 달음박질 쳐도
아주 가끔,
붙잡는 손이 있다

오래된 얼굴이
철든 모습으로 벽에 걸려서
'그 때는 이랬으면 좋았을 걸'
늘 아쉽기만 했던 여수(旅愁)에 젖는다

또 하루가 지면
가슴 속 적실 넋두리를 읊는다

춘설

화사하게 미소 짓던 그 날이
질기고 길구나
겨울 끝자락에 쓸려서

게으른 미련 버리지 못하고
산자락에 눌러 앉아 떼를 쓴다

더딘 발걸음도
차가운 눈발 아래
안달 난 봄

살 속 파고드는
심술 때문
가슴은 봄만 품고 있는데

어머니

부르기만 해도
함박꽃처럼 환한 미소로 반기시던 모습이
어제처럼 눈에 선합니다
"언제 올래? 니, 보고싶데이"
계절은 윤회의 바퀴 멈추지 않는데
득달같이 달려가지 못한 불효
가슴에 눌러 둔 차오른 눈물로 폭포가 됩니다
살뜰한 심성 모두를 담아
넘치도록 부어주시던 사랑을
단숨에 달려갈 수 있는 거리에서
늘 그렇게 계시겠거니
미루어 둔 그날이
기일이 될 줄이야
닿을 수 없는 경계에
이승의 몸짓이 될 줄이야

교감交感

거미줄로 얽히고설킨 감정은
휘어지고 둥그러지고
보호 색 변신은 무죄

눈에 띈 웃자란 풀잎이
농부 손에 먼저 잘려나가듯이
낮아지는 길

밀애

햇살 화사하게 피어오르는
이른 아침
뜨거운 사랑을 향에 달려간다
어둠 속에 숨죽인 채
고개 숙인 풀잎은 사랑과 이별한다
보일 듯 보일 듯
춤사위 나풀거리며
손 뻗으며 잡을 수 없는
아득한 그 무엇을 향하여
손 뻗으며 허무 같은 당신
날마다 하늘 향해 저녁이면
사랑과 이별한다

여명

새벽 없는 밤이 어디 있으랴
밤이 깊으면 새벽은 오고 말리니
밤만 있고 낮이 없는 하늘
아직 보지 못했거늘
시련으로 더욱 성숙하고
어둠이 길고 깊었던 만큼,
찬란한 빛을 보게 되리
슬픔이 깊었던 만큼,
기쁨도 크게 다가오고 말지니
동 트는 이른 새벽 없는
하늘이 어디 있으랴

거울

행복할 때
다른 이도 행복한 줄 알았습니다
즐거우면
모두가 즐거운 줄 알았습니다
세상이 그렇지 않다는 것을 깨달았을 때
가슴 속 깊은 곳 보이고 싶지 않은
부끄러움으로 붉게 물들었습니다
내가 활짝 웃을 때
뒤돌아서 눈물로 슬픔 누르는 사람 있었고
낭만에 젖어 있을 때
시름에 잠긴 채 멍울진 가슴 뜯는 이도 있었습니다
마주한 자화상에서
차가운 욕망 껍질에 갇혀
거죽밖에 볼 수 없었던 자아,
햇살 오른 이른 아침에야
그 너머 세상 읽을 수 있는 눈 살포시 떠봅니다

산다는 것은

깊은 뿌리 내릴 수 없어
종족 보전으로 여기저기 발길 닿는 곳마다
뿌리내리는 얕은 잡초
된바람만 스쳐도 뽑혀 나가고
깊이 내리지 못한 뿌리는
비바람만 쳐도 송두리째 뽑힌다
삶의 깊이도
아픔의 깊이만큼 깨닫고 느껴야 깊어지듯
굳건한 나무는 모진 비바람과 맞서기 위해
뿌리를 더욱 깊게 내린다
사람의 강인한 힘도
드러나지 않는 마음속 의지
사노라면 때론,
예기치 못한 바람과 맞서 버틸 힘은
마음 깊이 내린 뿌리의 수액이다

바람은

바람은 잎을 흔들며
결 따라 잎맥에 올리는 수액은
저 푸른 숨소리는 압니다
텅 빈 내 안의 고독이
을씨년스럽게 휩싸고 돌 때도
가지에서 빠져나간
나무를 껴안고 얼마나 슬퍼했는지
강물은 그 아픔을 압니다
영혼 밑바닥 중심에
그리운 이 이름 띄우고
앙금으로 가라앉은 그리움
또 얼마나 서러웠는지
무심히 흐르는 강물은 압니다
세포 깊숙한 곳에
눈물로 흐르는 강이었다가 바다였다가
다시 내게 바람입니다

혜안慧眼

꽃의 심중에는 무엇이 있을까
물의 심중은 얼마나 깊을까
가슴 열지 않고 너를 알 수 없기에
꽃말 듣고 싶거든 꽃으로 피어나라
물 깊이 알고 싶거든 물로 흘러라
보이는 것이 전부가 아닌,
너의 동공 안에서 깊이를 말하리다

애증愛憎

영롱한 사랑도
몇 번의 깜박임으로
나는 눈빛이 진실임을 깨닫기까지
불길로 번진 열정 때문이었다는 것을
등 뒤로 부는 바람 한 올에서 알아간다
불 꺼진 전등 하나
창가에 걸리면 다가갈수록
차가운 별로 지고
가까이서 타올랐던 불씨도
어둠에서 깜박이는 반딧불도
태우고 사라지는 사랑이었으니
그리운 것도
비워야 채워지는 화수분

인형의 노래

눈이 침침하다
느림보 달팽이처럼
방전의 시작
파피루스 인형의 눈은 열리고
잠은 전설 속으로 간다
버리고도 남아있는
한 가닥 울림
그것은 욕망이 지나는 굴레
고대를 불어넣으려는 생명 노래다
긴 더듬이에 올려진
낮은 음계 따라
천천히 아주 천천히 눈을 떠라
침잠해 있는 너의 심저에
찬란한 해돋이

존재 이유

구름이 해를 가리고 싶어도
오래 덮지 못하듯
새가 벌레를 미워한들 외면할 수 없는 생태 고리

저들끼리 속삭이고 싶은 갈대도
바람 불지 않으면
그냥 서 있어야 하고
모든 것은 공생의 덫

삶은
서로 함께 더불어
필요성 때문이리라

생의 미학

제 살에 붙어 있는 피붙이들
밉든 곱든 썩은 잎도 보내는 일 쉽지 않아
스스로 질 때까지 움켜쥐고
한 계절 모두 이별연습 하네

잠시 머물다가 가는 이승의 종이여
풍성했던 시간 거둔 채
비우고 털어내는 울림으로
핏빛으로 물든 산을 넘는다네

아픔의 순간 지나고 나면
잘린 밑동에 새싹 돋아나고
계절은 윤회 수레 위를 설핏 가는데
멈춤 없이 변하는
산 단풍의 한 생 이라네

풋대

삶은 막이 닫히지 않는
인생의 연습 무대
언제나 한 발만 디딘 채로
관념의 강으로 간다
눈 끝에 펄럭이는 깃발처럼
끝없는 피에로의 몸짓
이상理想은 하늘 날고 싶은가
무던히 날갯짓한다.

상사화

여름이 지기 전에
얼굴 붉히며 핀 맨몸
긴 기다림 타들어 간 흔적,
바람 가슴 저민다
산 넘고
비탈 기어올라 찾아온 8월
그 뜨거운 호흡 길에서
천 년 두고도 만나지 못할 형벌인가

그대 흘린 핏빛 눈물
꽃자루에
슬픔만
뚝
뚝

겸손

푸른 잎 하늘 꿈꾸는 향나무도
끝내는 조각조각 찢어져
향으로 피어나야 비로소 하늘을 오른다
나무는
서로가 다른 모습 가꾸고도
가는 길 그 갈래가 셀 수 없이 많다
우리가 사는 동안에 봄 눈 녹듯 사르르
미움이 풀리기도 한다
달리아 꽃 웃는 날도
순간에 지나가기 마련이고
태풍이 불면 잠깐, 무너지는 나락을 보게 되는 것도
세상을 배우는 참회록이다

돌하르방

늘 그 자리 그 얼굴로
세상 말 듣는다
때론 뜻이 맞지 않아
뱉고 싶은 말 있을 때도
입을 닫은 채
그 표정만으로 세상을 읽는다
부딪히고 깨지면서
사바의 말 가슴에 담는다
미완성 우리,
디딤돌로 선 그 돌부리에
한 줌 흙으로 돌아갈 거라면
여기 구름으로 눕는다

어느 고백

슬픈 주머니가
고무풍선으로 부풀어 올라
출렁일 때마다
빙그르르 고이는 눈물,
살짝만 스쳐도 터져버린다네
슬픔의 주머니가 바닥까지 고인
눈물 퍼내고 나면
마음 밭에는
활짝 갠 많은 하늘 담는다네
눈물은 카타르시스,
이 절벽의 고도에서
누구는
또, 푸른 하늘 닮는다네

| 해설 |

성찰의 미학과 융합한 사랑시학

김송배 (시인. (전)한국문인협회 부이사장)

1. 인식의 자화상적 이미지

현대시의 경향은 다양한 형태로 변모하는 흐름을 알 수 있는데 대체로 자아를 인식하는 과정을 중시하는 시인들이 많이 나타나고 있다는 사실을 간과(看過)할 수 없을 것이다. 이러한 경향은 우리 인간사회와 자연의 조화를 위한 지향적인 사유(思惟)의 일단이라고 단정하더라도 우리 시인들의 지각이나 상상력은 표현이나 주제의 중심의미를 자신의 체험을 초월할 수 없다는 점을 상기하게 된다.

일찍이 우리 시문학은 계몽이나 낭만 그리고 순수, 주지, 초현실 등의 경향을 실험하고 인생파 혹은 자연파의 시라고 시학사를 정리하고 있으나 순수시와 참여시 등으로 분류하는 경향의 작품도 많이 등장한 것도 우리 시의 변모를 더욱 고차원으로 승화하는 계기로 본다면 우리가 자아를 인식하는 과정의 형태를 어찌 보면 당연한 귀결이라고 할 수 있을 것이다.

홍수연 시인이 상재하는 첫 시집 『고독은 숲이다』를 일별하면서 문득 이러한 형태적인 변화를 먼저 거론하는 것은 홍수연 시인이 탐색하거나 추구하려는 시적 진실이 다양한 시적 상황(situation)과 다변적인 이미지로 분화(分化)하고 있어서 그가 설정하는 소재와 주제는 바로 그의 자아와 융합(融合)하고 있음을 이해할 수 있기 때문이다.

홍수연 시인은 이처럼 자아와의 조화를 위해서는 그가 구현하는 존재의 생성에 관한 문제를 깊이 있게 천착(穿鑿)하지 않을 수가 없는데 이는 인식론적인 해답을 먼저 탐색하고 있어서 그가 진정한 진실이 시적으로 승화하는 언술은 관념적 언어로 분사(噴射)하는 시법을 읽을 수 있다.

갓 핀 꽃으로
떨리지 않는
향기이고 싶네

허공에 머물지 않고
흐르는 대로 가는
바람이면 어떨까

부딪히며 흩어져도
다시 만나 흐르는
강물도 좋고

거슬림 없이 그려진
그림 속 풍경처럼
비단 꿈을 꾸고 싶어.

〈무엇으로 살까〉 전문

여기 위의 작품에서 보는 바와 같이 '무엇으로 살까' 라는 미지의 상황이 그의 현실적인 고뇌로 현현되고 '…….싶어' 라는 간절한 기원의식으로 이를 용해(溶解)하려는 인식의 변화를 이해할 수 있다. 이러한 현상은 '변함없는 향기' 와 '지나가는/바람' 과 '강물' 과 '진리로 채우는 삶' 에 대한 그의 인생관이 영성(靈性)으로 이입(移入)하면서 그의 철학으로 정립하고 있다.

이는 '세월의 거슬림' 도 없고 '부딪히며 흩어' 지지도 않는, 그리고 '허공에 머물지도 않고' 혹은 영원불변의 이상이 그의 가치관으로 중심축을 형성할 때 그의 영혼과 시적 정신이 '허무한 여백' 에 채워지는 화해의 안정적인 심저(心底)를 갈망하고 있음을 여실하게 적시(摘示)하고 있다.

홍수연 시인은 '세상은 혼돈의 정립/그 세속(世俗)에/얽매임 없이/사슬을 끊고/머물지 않는 영혼의 자유를/노래하고 싶다/누구도 닮을 수 없는/나를 드러내는 우물/피고 지고 가꾸는 것/나는 나무/꽃/바람/바다/그래서 존귀하다/오직 단 하나밖에 없으므로/닮지 않은/모습 그대로/단 하나의 남기고 싶은 거다/나만의 향과/아름다움/씨앗 한 톨로 남기고/흙으로 돌아가고 싶다.' 와 같이 그가 궁극적으로 창출하려는 인식의 체계는 '자아의 발견' 에서부터 출발해서 '존재의 의미' 를 탐색하는 것으로 결론짓는 철학적 사유가 필요하다.

욕망은
한 치 앞도 못 보는
어리석음

가진 것은 순간일 뿐

영원하지 않으니
모든 것은
깨달음의 뿌리.

이렇게 그가 작품「해탈」에서 간명(簡明)하게 현현하는 것은 우리 인간의 '욕망'과 '어리석음' 등은 '순간'이며 '영원하지 않다'는 '해탈'의 경지로 몰입하는 '깨달음의 뿌리'를 극명하게 적시하고 있어서 홍수연 시인이 그의 시적 주제의 근간(根幹)으로 설정하는 경향을 엿보게 한다.

또한 그가 다변적인 소재에서 시적 상황을 설정하여 주제를 형상화하고자 하고 있지만, 그는 일반사물에서 이미지를 투영하는 것보다 관념에서 증폭시키는 이미지를 자주 활용하고 있다. 예를 들면, 작품「고독은 숲이다」「내탓 아닌 것이 없다」「독백」「사람이 좋다」「흘러간다」「집착」등에서 유추할 수 있듯이 고백적인 어조(語調)로 그가 주제를 창출하고 있으며 이런 어조가 그가 지향하고 정립하려는 인생관의 현현이 용이하다는 장점을 포괄하는 것으로 이해된다.

그의 시는 자아의 의식이 타아(他我)와 직접 대칭을 이루는 시법이 더욱 효과적으로 어필되고 있다.

이와 같이 홍수연 시인은 자아의 인식을 단순하게 자기를 확인하는 일로 단정하는 것이 아니라, 과거 체험에서 재생된 실상들이 현실적 갈등을 융합하면서 또 다른 기원의 의지를 촉발하는 우리 인간들의 실재(實在)의 상황으로 변모해서 고차원의 주제를 대입하고 감응(感應)하려는 진실을 확인할 수 있다.

2. 보편적 '삶'과 지향적 사유

홍수연 시인은 다시 생(生)에 관한 강렬한 집착을 읽을 수 있다. 이는 자아의 인식에서 결론지어진 하나의 단면적 생(生)에 대한 집착일수도 있겠으나 다른 측면에서 관찰해보면 그의 보편적인 삶이 지향적인 사유로 전환하는 가치관의 변화라고 할 수 있다.

파도가 크면
생(生)은 멀미로 눕고
아직 갈 길 멀어
풍랑을 염려하는 것은 아니지만

한 고비 물결치고 나면
순풍에 돛을 달고
노 젓는 하늘은
금빛 물결로 출렁인다.

〈항해〉 전문

겨울 길목에서
허허로운 빈 들녘
뿌리의 줄기마다 가락을 싣고

하얗게 뿌려진
백옥의 숨결
자국 남기는 대로
생(生)의 밑그림을 그린다.

〈숫눈길〉 전문

이 두 작품에서는 '생(生)'이라는 어휘가 직접 등장

하여 인간의 생애에 대한 성찰과 희구(希求)와 기원이 동시에 시적 효용을 증대하여 우리들의 공감 영역을 확대하고 있다. '항해에서' 파도가 크면 / 생은 멀미로 눕는다' 는 언술이 한 고비 물결 치고 나면 / 순풍에 돛을 달고 '금빛 물결로 출렁' 이는 대칭적 비유와 이미지는 절정에 이른다.

한편 '숫눈길' 에서도 '겨울길목' 과 '허허로운 빈 들녘' 이 '백옥의 숨결' 로 '생의 밑그림을 그릴' 수 있는 생의 집착은 바로 그가 탐구하려는 인생의 지표가 시적으로 승화하는 중요한 요소의 축으로 발현되고 있다.

이러한 요소들은 결국 삶의 근본인 인본주의(humanism)이다. 현대시에서 주지(主知)적으로 탐구하는 주제(의미성)가 바로 우리 인간을 중시하는 점을 감안한다면 시법에서 강조하는 삶의 현상이 시의 차원을 더욱 높이는 효과를 기대할 수 있을 것이다.

> 눈앞에
> 보이는 것만 山인가
> 내 딛는 것 또한 山이려니
> 스치는 것마다
> 첩첩 山,
> 한 고개 넘음 때마다
> 허물하나
> 벗어 던지고
> 홀로 움트는 홀씨로 날자
> 하늘 닿을 때까지.
>
> 〈호사〉 전문

이 작품에서는 '삶' 이라고 직접적인 테마로 우리들

의 인고(忍苦)를 요구하고 있다. 현실적인 실상들이 이미지를 통한 메시지를 던지고 있는데 이것도 현실적 상황을 극복하려는 의지로 보아진다. 그가 '삶이 어디 그렇던가 / 덧나는 것이 두려워 / 가려운 곳만 긁으니 / 깊은 무덤에서 / 곪은 나를 거울에 담는다.'는 화자(話者)의 어조는 삶이 내포(內包)하는 온갖 요소들을 체념이나 화해로 조화를 이루려는 시도로 이해할 수 있다.

이러한 어조는 다음과 같이 다양하게 표현하고 있어서 홍수연 시인의 시적 원류에는 생과 삶에 관한 향방이 자신의 지적인 자양과 함께 축적되어 있음이 명백하게 적시되고 있다. 참고로 하면 시 읽기에 많은 도움이 될 것이다.

3. 성찰의 의미 혹은 기원의식

홍수연 시인의 시적 상상력은 광범위하다. 그것은 소재의 확산보다는 인간 중심(인본주의)의 정서를 외연(外延)에서 함축하고 내재된 정신의 보고(寶庫)에서 투영한 자아 인식의 승화에서 진액만 추출한 이미지들이 삶의 현실과 융합하면서 창출한 진실이 바로 그의 시적 상상력의 복원이며 작품의 원류이며 시 정신의 모체(母體)가 되고 있다.

그는 이러한 내적 자양(滋養)의 형상화, 곧 그의 지성적 기초가 일반 사물이나 관념의 상황과 마주치면 영혼과도 대화할 수 있는 시적 모티브가 항상 창조되고 있다는 점을 높이 평가하게 된다. 우선 그의 시 정신은 성찰에서 살펴보게 되는데 이것도 자아 인식과정에서 도출된 존재의 의미나 존재의 이유 등을 새롭게 조감(鳥瞰)하는 다변적인 이미지의 투영으로 주제를 창조하고 있다.

이러한 그의 시적 발상은 체념이라는 한 과정을 거치게 되는데 '살면서 힘들지 않은 삶이 어디 있으랴 / 곡예사가 아슬아슬한 줄을 타야 하는 무대가 그렇듯이 아프고 슬펐던 기억도 / 생(生)의 끝자락에서 / 큰 획 하나 긋는 / 점에 불과하기 때문이다.' 라는 언술이 그의 사유의 정점에서 일대 전환을 맞게 된다.

그리고 '아픔을 통해서 / 깨달음을 / 실수를 통해서 / 배움을 // 고난의 시간은 / 널리 돌아보라는 / 하늘이 주신 은총과' / 같이 스스로를 자인하는 체념을 통해서 자성의 의미를 더욱 확산하고 있음을 이해할 수 있다.

사랑을 안다면
나는 부서지고

그대 안에
들어가 멈추리

사랑을 안다면 나는
그대 앞에

빛으로 머무르리.

〈빛의 이유〉 전문

깊은 침묵의 언어
어디 있으랴

내가 한 말로
족쇄 채우면

말로 옭아맨 노비로부터
벗어나지 못하네

이 굴레를 벗는 길
자신을 깨우는 죽비.

〈묵언〉 전문

여기에서는 홍수연 시인이 성찰의 인생적 숙명을 '사랑을 안다면 나는 / 그대 앞에 // 빛으로 머무르리.' 라거나 '이 굴레를 벗는 길 / 자신을 깨우는 죽비.' 라는 비장한 어조로 자신을 채찍질하면서 화해와 조화를 구상하고 있다.

일찍이 오스트리아의 철학자 비트겐슈타인은 '우리는 자기가 무엇을 가지고 있는가는 볼 수 있어도 나는 무엇인가는 볼 수가 없다' 는 명언처럼 우리들은 자아를 인식하고 존재를 의식하면서도 정작 내가 무엇을 위해서 살고 있는가를 정확하게 이해하지 못하는 경우가 많다는 것은 현실적인 불확실성과 미지의 예측불허가 우리의 심성에서 용암(鎔巖)으로 끓고 있음을 홍수연 시인은 성찰하고 있는 것이다.

이러한 성찰의 전 단계는 체념이나 자숙(自肅)의 심정적인 유로(流露)가 발현되는 과정이 있다는 점도 시 창작에서 배제할 수 없는 한 과정이다. 홍수연 시인도 '탐욕을 누른 채 / 이슬 고인 눈으로 / 바라봅니다 // 잡으려면 / 연기의 속성으로 흩어지는 / 무늬 // 잡을 수 없는

/ 그 틈에 / 매달리지 않으리니 // 다시 좇는 어리석음 / 범치 않으렵니다'. 라는 심중(心中)을 관류(灌流)하고 있는 진솔한 정감을 토로하고 있다.

이렇게 모두가 자성(自省)의 심경을 벗어나지 않는다. 이것이 우리 인간들이 소유한 정서의 지고지선(至高至善)이라고 할 수 있는 심온(深穩)과 안정을 위한 존재의 방식인지도 모른다. 악에는 자비를, 욕망에는 세탁을, 도도함에는 정화와 겸손을 실제로 이행할 때 비로소 시인의 혜안은 더욱 '촛불' 처럼 거룩해 질 것이다.

이밖에도 작품「땅의 향기」「들꽃」「나무는」「공명」「동백꽃」「길목에서」「어느 풍경」등에서는 홍수연 시인의 잔잔한 심성을 발현한 자연 서정이 공감을 유도하고 있어서 그가 평소에 즐겨 취택하는 서정적 이미지의 형상화도 관심의 대상이 되고 있다.

4. '사랑'의 원류와 시적 진실

홍수연 시인에게서 마지막으로 읽을 수 있는 것은 존재의 미학에서 탐색한 사랑학의 정수(精髓)이다. 그는 '뇌수로 흘러든 저 빛은 / 영혼의 오아시스 / 나는 사막을 잊고 / 사랑만 고백합니다. 라거나 '사랑하는 이여 / 가슴에 피어나는 불꽃으로 / 생명 지피는 그 끝에서 / 임을 향한 노래 부르리' 와 같이 그의 사랑학은 '고백' 과 '임을 향한 노래' 로 '생명' 을 지피는 애절한 어조로 시작하고 있다.

그는 '사랑'을 통해서 그가 간구(懇求)하는 시적 진실을 구현하려는 열정이 용해되어 있는데 이는 그의 인식 체계와 정서의 융화가 바로 시적 주제로 승화하면서 이 시집 『고독은 숲이다』의 순정적인 정신을 집중하고 있는 것이다. 대체로 그가 구가하는 시법은 다음과 같이 읽을 수 있다.

선달 긴긴 밤
호롱불 밝혀놓고
도란도란 이야기꽃으로
온 밤 지샌들
그 밤 길다 할까

〈그대와〉 중에서

사랑은
정열을 뿜어내는
분화구

사랑이
지나간 자리엔
용암이 흐른다.

〈열정〉 전문

홍수연 시인은 우선 소재에서 감지할 수 있듯이 '그대'나 '당신' 등의 화자를 등장시켜서 실재와 상상의 중간지점을 자유롭게 비상하고 이다. 이는 그가 현실적 사랑의 이미지나 의미성이 시적 진실로 승화하기 까지는 상당한 인생의 연륜과 더불어 시력(詩歷)을 필요로 하는 체험의 세계를 달관(達觀)한 정서의 일면을 이해하게 된다.

그는 앞에서 말한 '고백'과 '임 향한 노래'를 넘어서 '그대'나 '당신'과의 구체적인 사랑학을 논하고 있다. '섣달 긴긴 밤'과 '호롱불'과 '도란도란 이야기꽃'은 사랑의 정황이 적나라(赤裸裸)하게 적시되어 있으며 '마음으로 지켜보기까지 / 오랜 시간'이 소요되었음은 결국 '신의 호수를 닮은 눈동자'인 '당신'을 인지하고 있다.

또한 그가 '아가페의 사랑'을 강하게 열망하는 어조는 이 사랑의 유형에 대해서 미리 정의를 해둠으로써 보편적인 개념에서 빗어질 오해들을 불식하는 작용을 도모하고 있는 듯하다. 그것은 인격적, 정신적 사랑을 뜻하는 아가페(agape)적인 숭고함을 지향하고 있는데 조건 없는 사랑이나 자기를 회생하는 타자본위(他者本位)의 사랑으로서 얼마나 광의(廣義)의 의미를 내포하고 있는지 모른다.

흔히들 사랑이라고 하면 남녀 간의 애정(eros)을 말하지만, 우리 주변에서 실질적으로 구현하려는 사랑은 모정(母情)과 같은 존엄적인 사랑을 비롯해서 이웃, 사회, 국가, 인류 등의 범위뿐만 아니라, 자비(慈悲-불교), 박애(博愛-기독교)에 이르기까지 사랑의 영역은 무한하다.

홍수연의 사랑은 하나의 확고한 시학으로 정립해서 그가 추구하는 시적 진실로 정착시켜서 휴머니즘의 근원이나 인생 교훈의 원천이라는 메시지를 보여주고 있는 것이다. 이러한 형상화는 전혀 아류(亞流-epigonen)나 모방이 보이지 않는 순수한 자신의 정서를 철학으로, 혹은 지성적인 메시지로 분사함으로써 그의 진실은 더욱 최선의 경지에 도달할 수 있게 될 것이다.

사랑한다는 것은
영혼을 집중하는 것

믿음의
파종으로부터 아픔을
삭여내는 것

사랑한다는 것은 너를
내 안에 받아들이는 것

내 살을 깎아
나를 비우는 기도.

〈구도〉 전문

그렇다. 홍수연 시인이 의도적으로 진실로 유도한 주제는 '나를 비우는 기도' 였다. '사랑한다는 것은' / 영혼을 집중하는 것' 이나 '너를 / 내안에 받아들이는 것' 이라는 잠언 같은 어조는 '나' 라는 화자의 진정한 소망이며 '믿음=사랑' 이라는 신뢰의 등식(等式)을 성립함으로써 '나' 의 진솔한 휴머니티가 상승하고 있다

이처럼 그가 현현하고자 하는 사랑의 의미는 '마음의 빛' 이며 '순수의 꽃' 이며 '기다림의 무게' 이며 '산기슭 피어오른 / 요요(寥寥)함' 이다. 이는 공자가어(孔子家語)에서 말하는 애인자즉인애지(愛人者則人愛之-내가 남을 사랑하면 남도 나를 사랑한다)에 근본을 두는 광대한 범주(範疇)를 포괄하고 있다.

홍수연 시인 다시 '서로가 촉촉한 가슴으로 얽고 / 사랑이 넘치는 눈길로 바라볼 때 / 아름다운 만남이었다는 것을' / 이라고 단정하여 사랑의 영원성을 강조하고 있다. 그는 사랑이 곧 '믿음의 불씨' 이며 '무량의 자비' 라는 어조에서도 자명(自明)하지만, 그가 평소에 간직한 심성(心性)의 전체가 투영되었다고 이해할 수 있다.

이 시집 『고독은 숲이다』에서는 전술한 바와 같이 자아의 인식을 통해서 삶에 대한 현실적 고뇌의 해법을 적시하고 다시 성찰의 인생 역정을 새기면서 그가 최선의 인생관으로 부각하려는 사랑의 의미를 발현하고 있다. 이러한 심층(深層)에는 그가 일생동안 일탈(逸脫)할 수 없는 인연의 시(시)가 원격(遠隔)으로 작용하고 있음을 간과하지 못한다.

이는 시인에게서 어쩔 수없는 심리적 형태이다. 그는 작품〈묵은지〉에서 '해와 달을 품에 들인 만큼 / 몸을 죽이고 / 차분하게 곰삭은 / 묵은지 한 포기 / 정갈하게 / 혀끝에 감도는 그 느낌조차 / 글 무리로 지어 / 세상에 나오면 / 눈길 휘어잡는 / 깊은 언어의 조련사 / 아, 시인이여.' 라고 스스로 탄찬(讚嘆)으로 자아와 시의 상관성을 조화함으로써 존재와 사랑의 화해를 시적 진실로 순정적으로 혹은 순수 심성으로 우리들에게 들려주고 있다.

그러나 영국의 대 시인 T. S. 엘리엇은 시인은 새로운 감정을 찾지 말고 일반적인 감정을 이용해서 이를 다시 손질하여 시가 되게 하는 것이 중요하다고 말한다. 이는 소재의 포괄된 관념을 어떻게 사물과 접맥시켜서 우리들과 공감할 수 있는 시를 창작할 것인가 하는 문제를 던져주고 있다. 누군가도 시인은 그 감각세계에서 붙잡은 것을 가지고 자신과 자신의 꿈에 대한 상징적 투시(透視)로 시를 완성한다고 한다. 앞으로도 영혼과 교감할 수 있는 형이상시(形而上詩)의 창작을 위해서 부단한 열정을 가미해야 할 것이다.

초판인쇄 | 2015년 4월 3일
초판발행 | 2015년 4월 7일

저　　자 | 홍수연
펴 낸 곳 | 제3의 문학

주　　소 | 경기도 가평군 상면 축령로70번길 41-6
전　　화 | Seoul Office / (02)2279-3357~8
E-mail | 3munhak@hanmail.net

출판등록 | 2008. 8. 21 제1-2727호

가　　격 | 9,000원

ISBN 978-89-89629-06-1